·天才小传记·

玛丽·居里

[意] 伊莎贝尔·穆尼奥斯 著
木兰 译

北京出版集团
北京美术摄影出版社

WS White Star Publishers® is a registered trademark property of White Star s.r.l.
The Original Title：Marie Curie
© 2019 White Star s.r.l.
Piazzale Luigi Cadorna, 6
20123 Milan, Italy
www.whitestar.it

图书在版编目（CIP）数据

玛丽·居里 /（意）伊莎贝尔·穆尼奥斯著；木兰译. — 北京：北京美术摄影出版社, 2022.6
（天才小传记）
书名原文：Marie Curie
ISBN 978-7-5592-0456-1

Ⅰ. ①玛… Ⅱ. ①伊… ②木… Ⅲ. ①居里夫人（Curie, Marie 1867-1934）—传记—儿童读物 Ⅳ. ① K835.656.13-49

中国版本图书馆CIP数据核字（2021）第272456号

北京市版权局著作权合同登记号：01-2020-0478

责任编辑：王心源
执行编辑：李　梓
责任印制：彭军芳

天才小传记

玛丽·居里

MALI·JULI

[意] 伊莎贝尔·穆尼奥斯　著

木兰　译

出　版	北京出版集团
	北京美术摄影出版社
地　址	北京北三环中路6号
邮　编	100120
网　址	www.bph.com.cn
总发行	北京出版集团
发　行	京版北美（北京）文化艺术传媒有限公司
经　销	新华书店
印　刷	北京华联印刷有限公司
版印次	2022年6月第1版第1次印刷
开　本	787毫米 × 1092毫米　1/16
印　张	2.75
字　数	12千字
书　号	ISBN 978-7-5592-0456-1
定　价	29.80元

如有印装质量问题，由本社负责调换
质量监督电话　010-58572393

The life of Marie Curie

04

我是玛丽·居里，诺贝尔奖的获得者，也是一名闻名遐迩的物理学家和化学家。一生中，我在物理和化学领域成就斐然，包括推动X射线的发展，以及在癌症治疗方面做出的贡献。

下面，请走进我的世界，来看看一个默默无闻的普通波兰女孩是如何成为一名声名显赫的科学先驱的。

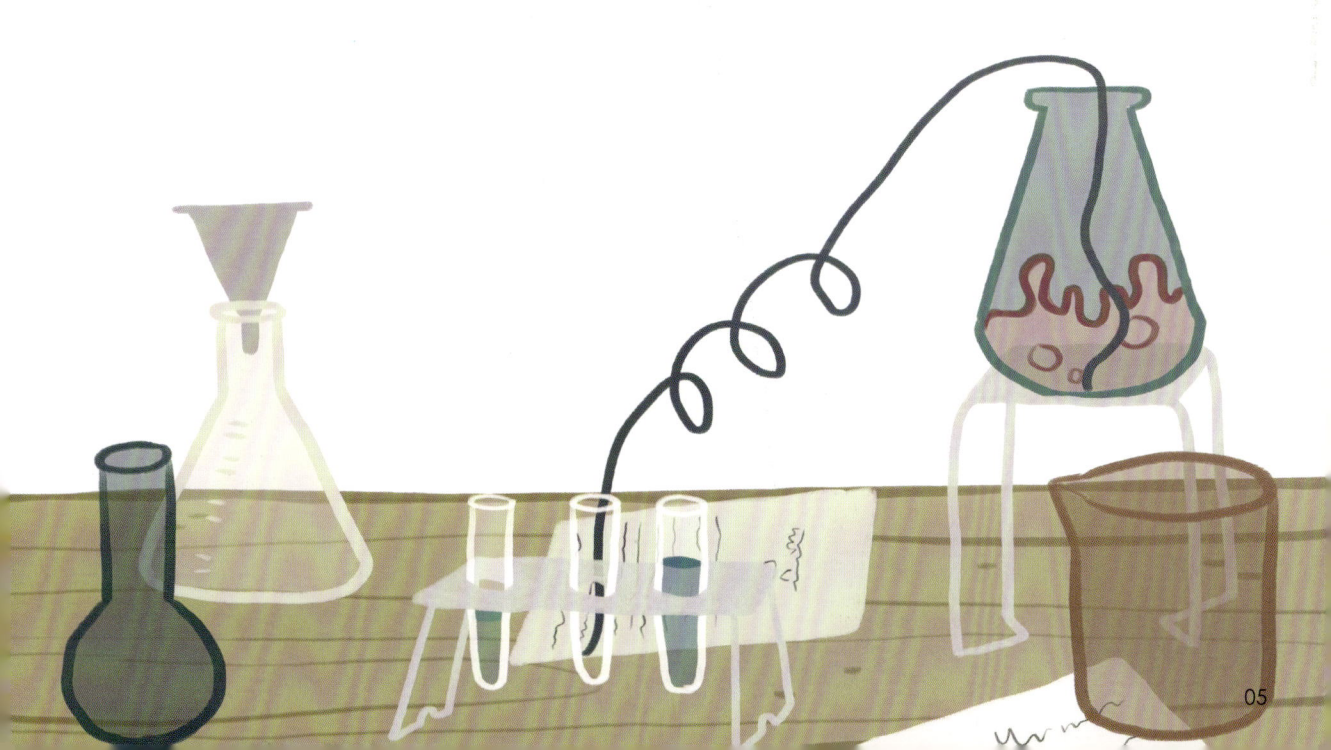

1867年11月7日，我出生在波兰的首都华沙。我的名字本来叫曼娅·斯可罗多夫斯卡，不过后来我改用了玛丽这个名字。我是家中5个孩子里最小的那个，有个哥哥叫约瑟夫，还有3个姐姐，她们分别是佐西亚、布朗尼亚和希拉。

我的妈妈

佐西亚

希拉

我

我的爸爸、妈妈都是老师。我的成绩在学校里名列前茅，尤其对数学和物理如痴如醉，而这两门课程的老师就是我的爸爸。

约瑟夫

布朗尼亚

我的爸爸

1878 年，在我 10 岁的时候，肺结核永远夺去了我妈妈的生命。爸爸一个人的工资不足以支撑一家人的开销，我开始当家庭教师来补贴家用。虽然那时家境清贫负担不起我大学的费用，而且华沙的大学只有男孩子才有资格上，但我还是利用业余时间来继续学习物理、化学和数学，梦想着可以进入大学学习。

值得庆幸的是我和姐姐布朗尼亚之间达成了默契。她在巴黎学医期间,我在经济上支持她,而后她也会在经济上支持我进入大学学习。所以在1891年,我满怀着希望和激动,来到了法国巴黎求学。

我开始在巴黎大学学习物理学和数学。1893年我拿到了物理学学位，第二年又获得了数学学位。那段时期，由于身无分文，我举步维艰，只能靠面包和茶水度日，但对知识的渴求使我坚定信念，帮助我渡过了难关。

1894年，与我志同道合的比埃尔·居里出现在了我的生命中，他是一位在巴黎工作的法国物理学家，我们简直是天作之合。他与我在1895年的7月26日结婚，之后大女儿伊蕾娜于1897年出生，小女儿艾芙在1904年降临到我们身边。

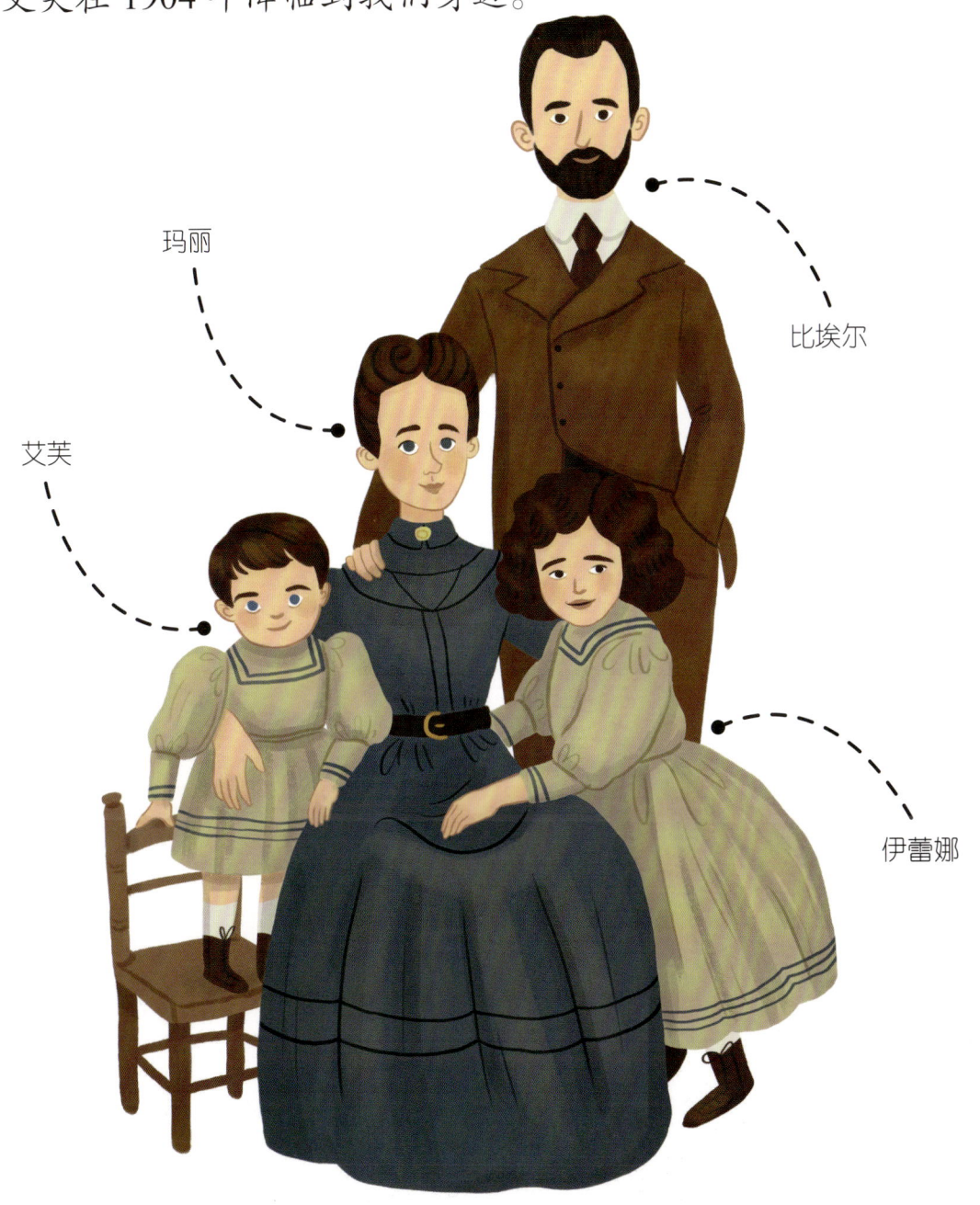

玛丽

艾芙

比埃尔

伊蕾娜

1896年，我和丈夫比埃尔一同成为巴黎大学理学院的研究人员。虽然我们各自从事着不同领域的研究，但是会给予对方帮助并给出想法和建议。我开始痴迷于一位名叫亨利·贝可勒尔的法国物理学家的发现，他发现铀元素能够放射出一种无形的射线，它可以穿过固体物质。

1897年，我开始进行与铀相关的实验，发现了无论铀处于何种状态或何种形式，射线无可厚非地都会被保留下来。在我的理论中，射线是来自元素的原子结构，我把这种现象描述为"放射性"。这是一个具有突破性和革命性的想法，从而推动了原子物理学的发展和体系的建立。

从那时起，比埃尔和我一同进一步研究物质的放射性。1898年，我们开始使用沥青铀矿进行实验，它含有铀矿石。我们在实验中发现沥青铀矿中所带有的总放射性要比纯铀强很多，所以我们推断沥青铀矿中肯定含有某些未被发现的放射性物质。不过一些科学家对我们的推断提出质疑，但我们坚信这一点，并着手加以证明。

15

我们从研磨沥青铀矿的样品开始,然后把它们溶解在酸中,分离提炼出不同的元素。经过反复尝试,不懈努力,我们终于成功地在沥青铀矿中发现了一种具有放射性的黑色粉末,我们将其命名——钋。这个新的化学元素被赋予化学元素符号Po和原子序数84。

在实验中我们发现，钋被提取出来后，液体仍然具有极强的放射性。因此，我们断定还有其他未知元素存在，而且，放射性更强！接下来我们需要一个实验样本来证实这一点。

我们将这个新元素命名为镭，并在1898年末发表了支撑其存在的证据。然而，我们仍然没有样本。想要提炼出镭我们就需要更多的沥青铀矿，这是极其昂贵的，因为它含有宝贵的铀。最后，我和奥地利的一家工厂达成协议，我们会把提取出铀后的沥青铀矿成吨地购买下来，除了我们以外，其他人都认为这些是废品，一文不值。随后，我们就可以尽情地提取镭了。但我们的工作量比以前大得多，需要大量研磨、溶解和过滤。

19

这项工作不仅消耗着我们的精力和体力，而且一些当时并不知道的对身体的危害正在潜滋暗长。我们的手变得又红又痛，身体上也开始觉得不舒服。最初我们把它归结为单纯的疲惫，但后来我们发现这些身体的不适是辐射病的早期症状。

尽管如此，我们仍坚持不懈，终于在 1902 年，分离、提炼出非常微量的镭，从而成功地证明了这种独特的化学元素的存在。

21

1903年，我不仅在巴黎大学获得了物理学博士学位，还在之后与比埃尔共同被授予诺贝尔物理学奖，我们的努力终得到了回报。值得一提的是，我的偶像亨利·贝可勒尔也凭借着他的研究与我们一同荣获诺贝尔奖。后来，我们把奖金全部用于进一步研究，我也作为第一位获得诺贝尔奖的女性被载入史册。

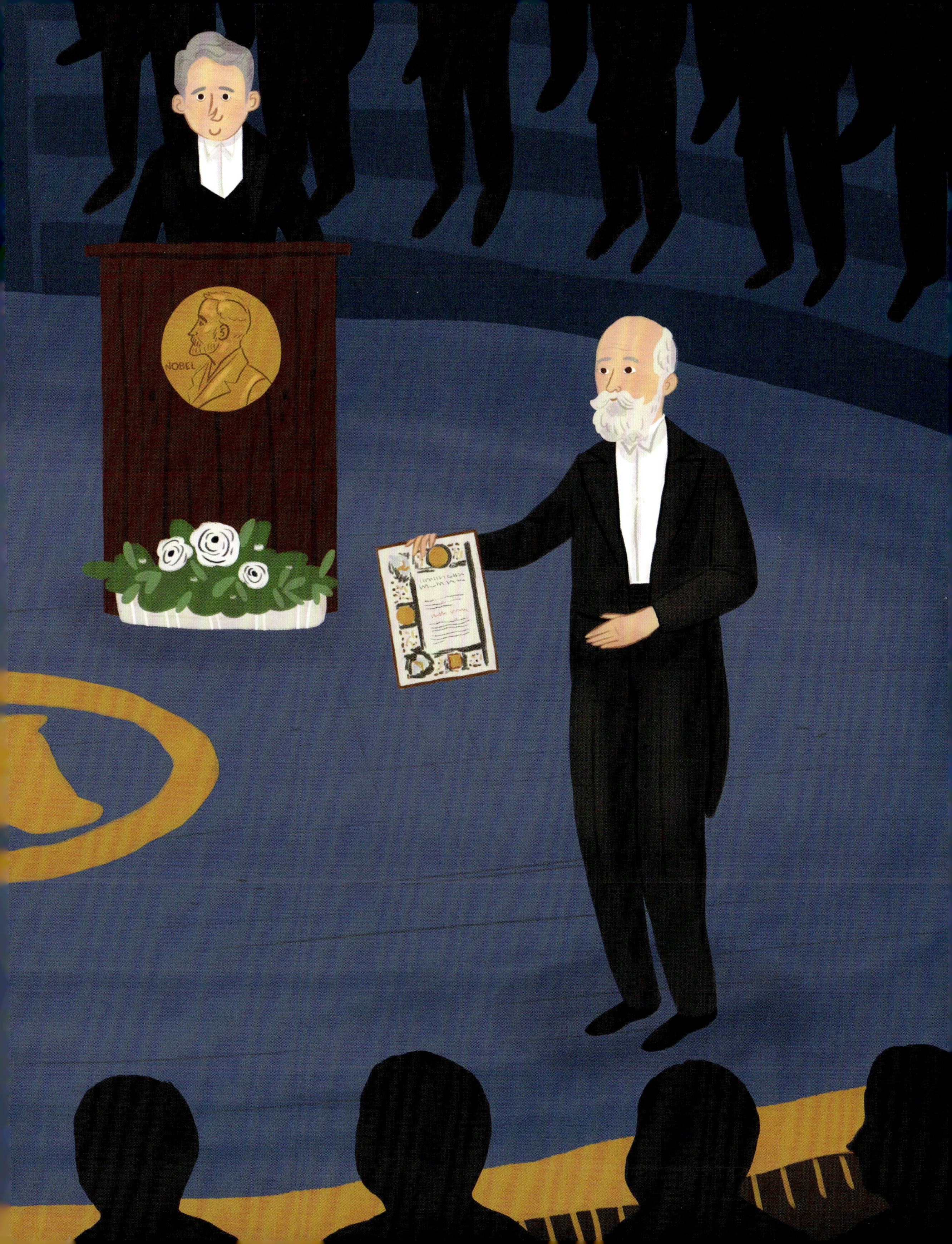
NOBEL

1906年,我心爱的丈夫被一辆马车撞死了,我的生活从此发生了翻天覆地的变化。我遵循丈夫的遗愿带着他的使命继续我们的研究,还接任了他在巴黎大学的教授职位,成为该校第一位女教授。

1911 年，我再次创造了历史，获得了第二个诺贝尔奖，这次是化学奖，因为我找到了一种测量放射性的方法。我是第一个一生中两次获诺贝尔奖的人。不久之后，第一个镭元素研究院在巴黎大学建成。它有两个实验室，一个用于放射性研究，另一个用于癌症治疗的研究。

1914年，第一次世界大战爆发了。我想救助更多的人。于是，我成了红十字会辐射服务中心的主任，并向巴黎各地募集资金、物资和车辆，这些战时物资用于改装成可移动的X光设备车，可以用于前线的医疗保障。

当年10月，第一批X光机已经蓄势待发，包括被称为"小居里"的X光设备车也一起出发，奔赴前线。我17岁的女儿也随我一同前往，我们一起在战地医院用X光机确定伤员骨折的部位，找到伤员体内的弹头或弹片。

28

我获得的荣誉和名声帮助我顺利地筹集到了资金。我用这些资金购买镭,并在波兰华沙建立了一个镭元素研究院。

　　1930年,英国伦敦北部的玛丽·居里医院正式启用,这家医院以我的名字命名让我倍感荣幸。除了研究设施外,它还拥有女性员工,并使用放射疗法医治女性癌症患者。

天有不测风云，我的生命在1934年7月4日的这一天被定格在了66岁。我死于再生障碍性贫血，这是由于我在处理放射性物质的工作中长期暴露在辐射下的原因所造成的。

1995年，当时的法国总统弗朗索瓦·密特朗宣布，比埃尔和我将一起被重新安葬在先贤祠。只有法国最重要、最受人敬仰的人才有资格被安葬于此，而且我是第一个有资格在此安葬的女性。

居里家族对科学的热爱薪火相传。大女儿伊蕾娜,继承了我们的衣钵成为一名科学家。她嫁给了弗雷德里克·约里奥,他们在实验室里形影相随,并肩工作。

他们发现了人工放射性物质，而且，像比埃尔和我一样，他们夫妇也一起获得了诺贝尔奖。1956年，伊蕾娜死于另一种与辐射有关的疾病——急性白血病。她的女儿，也就是我的外孙女赫莱恩·兰吉文·约里奥也成为了著名的核物理学家。

如果说生活带给我的感悟，那就是不要让任何事情阻碍你前进的脚步，不管是你的性别、种族、宗教……人不分高低贵贱，付出终有回报，无论如何都不要停下追逐梦想的脚步，用实力证明自己。我很高兴帮助过罹患癌症的患者，也希望我的故事能激励更多的喜欢科学的女性。

35

玛丽·居里搬到法国，并开始在巴黎大学学习物理学和数学。

玛丽·居里于1867年11月7日出生在波兰的首都华沙。

玛丽·居里与一位名叫比埃尔的法国物理学家相遇。

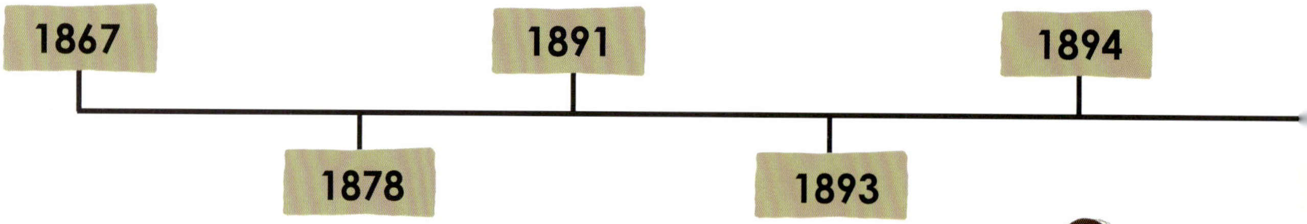

1867　　　　1891　　　　1894

1878　　　　1893

玛丽·居里获得了物理学学位。

玛丽·居里10岁时，她的妈妈被肺结核夺去了生命。

玛丽·居里与比埃尔一同成为巴黎大学理学院的研究人员。

居里夫妇利用沥青铀矿，发现了两种新的化学元素——钋和镭。

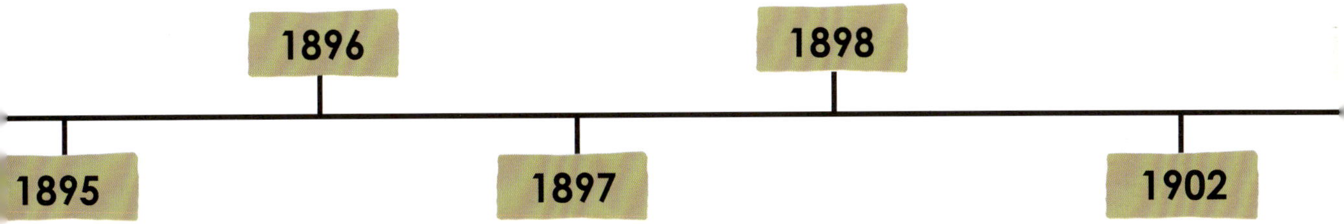

1895　1896　1897　1898　1902

玛丽·居里与比埃尔结婚。

居里夫妇的大女儿伊蕾娜出生了。

居里夫妇终于提取出非常微量的镭。

居里夫妇与亨利·贝可勒尔共同获得诺贝尔物理学奖,她也是第一位获得诺贝尔奖的女性。

比埃尔死于一场交通意外。玛丽·居里接替了他的工作,成为巴黎大学的第一位女教授。

玛丽·居里发明了一种叫作"小居里"的X光设备车,并把它们带到了第一次世界大战的前线。

1903 **1906** **1914**

1904 **1911**

居里夫妇的小女儿艾芙出生了。

玛丽·居里获得了第二个诺贝尔奖,这次是化学奖。她是第一个一生中两次获诺贝尔奖的人。

66岁的玛丽·居里死于再生障碍性贫血，这是由于长期暴露在辐射下造成的。

当时的法国总统宣布，将居里夫妇一同安葬在先贤祠。

1930 — **1934** — **1944** — **1995**

英国伦敦北部的玛丽·居里医院正式启用。

第二次世界大战期间，一枚炸弹几乎完全摧毁了玛丽·居里医院。

问题

问题1：玛丽·居里出生在哪里？

问题2：玛丽·居里是哪一年搬到法国的？

问题3：玛丽·居里获得的两个学位分别是什么？

问题4：玛丽·居里的丈夫叫什么名字？

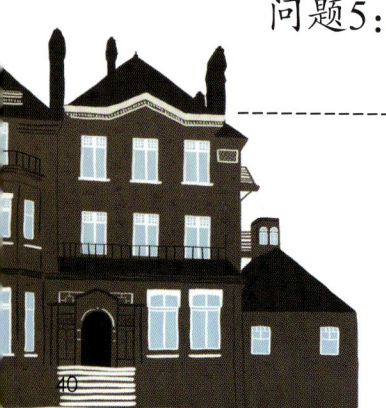

问题5：居里夫妇发现了哪几种放射性元素？

问题6：居里夫妇与谁共同获得的诺贝尔物理学奖？

_____

问题7：玛丽·居里成为哪所大学的第一位女教授？

_____

问题8：玛丽·居里发明的X光设备车被称为什么？

_____

问题9：在1930年启用的玛丽·居里医院在哪里？

_____

问题10：1955年居里夫妇被一同安葬在哪里？

_____

42

答案

答案1：波兰华沙

答案2：1891年

答案3：物理学和数学

答案4：比埃尔·居里

答案5：钋和镭

答案6：亨利·贝克勒尔

答案7：巴黎大学

答案8："小居里"

答案9：伦敦北部

答案10：先贤祠